한글의 모음과 자음

 전체 듣기 · Listen to all recordings

한글의 모음과 자음

유소영 지음

한글의 모양 · 한글의 모음과 자음 배우기 · 한글 연습 · 한글 놀이

마리북스

저자의 말

여러분 안녕하세요.

전 세계 곳곳에서 한국어에 관심을 가지고 한국어 공부를 시작하는 여러분을 만나게 되어 반갑습니다. 한국어 공부의 시작은 '한글의 모음과 자음' 배우기입니다. 이 책은 한국어를 처음 배우는 여러분이 한국어의 기초인 한글의 모음과 자음을 쉽게 이해하고, 재미있게 배울 수 있게 만들었습니다.

한글은 21개의 모음과 19개의 자음이 만나 세상의 모든 소리를 문자로 표현할 수 있는 과학적인 문자입니다. 한글을 만든 세종대왕은 사람들이 문자를 쉽게 배워 자신이 하고 싶은 말을 글로 쓸 수 있기를 바랐습니다.

이 책은 한글의 모음과 자음의 소리와 문자를 정확히 배우고, 다양한 어휘와 그림, 놀이 등을 통해서 한글의 모음과 자음을 완전하게 익히도록 했습니다. 이 책으로 즐거운 한국어 공부의 첫걸음이 되시길 바랍니다.

2022년 6월
유소영

A Message from the Author

Hello everyone!

I'm delighted to meet readers from around the world whose interest in the Korean language has inspired them to undertake its study. The study of Korean begins with learning the vowels and consonants that make up *Hangeul*, the Korean writing system. This book is here to help Korean beginners more easily understand these basic building blocks of the language and to have more fun in the learning process.

Hangeul is a scientific writing system of 21 vowels and 19 consonants that combine into syllables to express all the world's speech. King Sejong(1397~1450) created *Hangeul* to make it easier for Koreans to become literate so that they could express themselves in writing.

This book will guide you to learn exactly how Korean vowels and consonants are written and pronounced and to become completely proficient in *Hangeul* through a variety of words, pictures, activities, and games. I hope this book will be your first step in the joyful journey of studying the Korean language.

June 2022
Soyoung Yoo

교재 활용 방법 How to use this textbook

한글의 모양 The Shape of Korean Syllables

한글은 어떻게 생겼을까요? 모음과 자음으로 만들어진 한글의 모양을 볼 수 있습니다.
What does *Hangeul* look like? You can look at the shape of Korean syllables, which are made up of vowels and consonants.

한글의 모음과 자음 Korean Vowels and Consonants

21개의 모음과 19개의 자음을 배웁니다.
You will learn 21 vowels and 19 consonants.

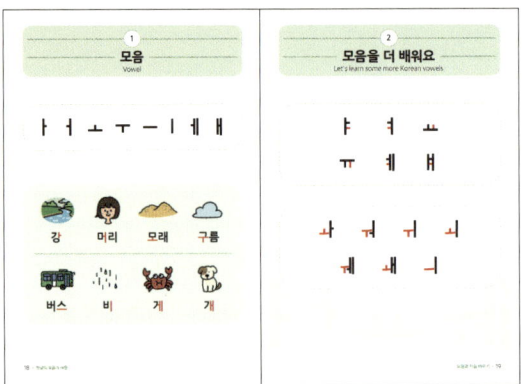

한글 연습 Practicing *Hangeul*

'한글 연습'은 1~5장으로 구성되어 있습니다. 1~4장에서 모음과 자음을 배우고, 5장에서 받침을 배웁니다. 한글 연습의 각 장은 아래의 구성으로 되어 있습니다.
'Practicing *Hangeul*' is divided into five chapters. You will learn the vowels and consonants in the first four chapters and batchim (final consonants) in the fifth chapter. Each chapter of Practicing *Hangeul* is organized as follows.

소리와 문자 익히기

한글 모음과 자음의 소리와 문자를 쓰는 순서를 배웁니다.
First learn how Korean vowels and consonants are pronounced and then learn how they are written.

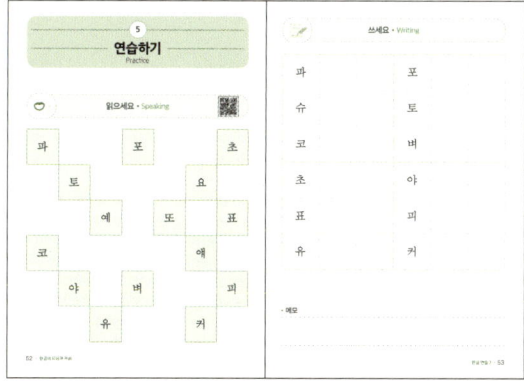

음절 읽고 쓰는 연습하기

각 장에서 배운 모음과 자음으로 구성된 음절을 읽고 쓰는 연습을 합니다.
Practice reading and writing syllables made up of the vowels and consonants presented in each chapter.

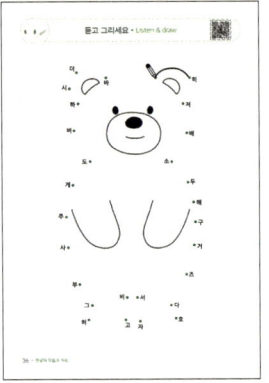

음절 듣고 따라 그리기

각 장에서 배운 음절을 듣고 따라서 그림을 그리며 한글의 모음과 자음을 연습합니다.
Practice Korean vowels and consonants by drawing pictures as you listen to the syllables presented in each chapter.

 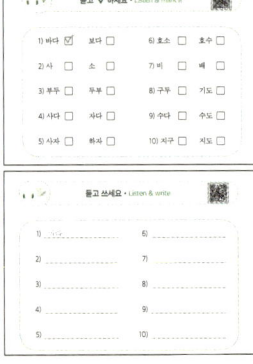

읽기, 듣기, 쓰기 연습하기

각 장에서 배운 음절로 이루어진 어휘의 읽기, 듣기, 쓰기를 연습합니다.
Practice reading, listening and writing with vocabulary made up of the syllables presented in each chapter.

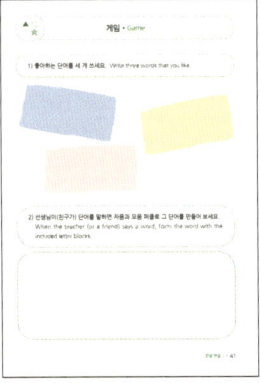

게임

각 장에서 배운 어휘를 게임을 하면서 익혀 보세요.
Play games to master the vocabulary presented in each chapter.

한글 놀이 *Hangeul* Games

'한글 놀이'에서는 과일, 동물, 탈것 등 주제에 따른 어휘를 더 배웁니다. 듣고 따라 그리기, 퍼즐 게임, 빙고 게임 등을 통해 앞에서 배운 한글의 모음과 자음을 더 익혀 보세요.

In '*Hangeul* Games', learn more vocabulary organized around themes (such as fruit, animals and vehicles). Master the vowels and consonants presented earlier through an assortment of games including Draw What You Hear, Puzzle and Bingo.

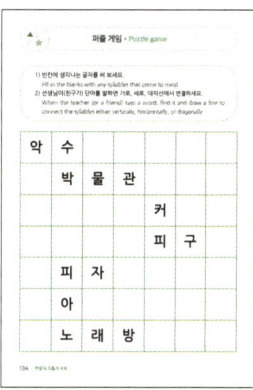

차례

저자의 말	4
교재 활용 방법	6

한글의 모양

1. 자음+모음	14
2. 자음+모음+자음	15

모음과 자음 배우기

1. 모음	18
2. 모음을 더 배워요	19
3. 자음	20
4. 자음을 더 배워요	21
5. 모음 표	22
6. 자음 표	23

한글 연습 1

1. ㅏ, ㅓ, ㅗ, ㅜ	26
2. ㅂ, ㄷ, ㄱ	28
3. ㅡ, ㅣ, ㅔ, ㅐ	30
4. ㅅ, ㅈ, ㅎ	32
5. 연습하기	34

한글 연습 2

1. ㅑ, ㅕ, ㅛ, ㅠ	44
2. ㅍ, ㅌ	46
3. ㅖ, ㅒ	48
4. ㅋ, ㅊ	50
5. 연습하기	52

한글 연습 3		
	1. ㅘ, ㅝ, ㅟ	62
	2. ㅃ, ㄸ, ㄲ	64
	3. ㅆ, ㅉ	66
	4. 연습하기	68

한글 연습 4		
	1. ㅚ, ㅖ, ㅐ	78
	2. ㅁ, ㄴ	80
	3. ㅢ	82
	4. ㅇ, ㄹ	84
	5. 연습하기	86

한글 연습 5		
	1. ㅂ, ㄷ, ㄱ	100
	2. ㅁ, ㄴ, ㅇ, ㄹ	109

한글 놀이		
		119

	정답	140

 듣기 · Listening

한글의 모양

1 자음+모음

나무

2 자음+모음+자음

집

 듣기 · Listening

모음과 자음 배우기

 모음
Vowel

ㅏ ㅓ ㅗ ㅜ ㅡ ㅣ ㅔ ㅐ

2. 모음을 더 배워요
Let's learn some more Korean vowels

ㅑ ㅕ ㅛ

ㅠ ㅖ ㅒ

ㅘ ㅝ ㅟ ㅚ

ㅖ ㅙ ㅢ

3 자음
Consonant

ㄱ ㄴ ㄷ ㄹ ㅁ ㅂ ㅅ
ㅇ ㅈ ㅊ ㅋ ㅌ ㅍ ㅎ

| 고래 | 노을 | 다리 | 라면 |

| 무지개 | 바람 | 소 | 우유 |

4
자음을 더 배워요
Let's learn some more Korean consonants

5 모음 표
Vowel table

ㅏ	ㅓ	ㅗ	ㅜ	ㅡ	ㅣ		ㅔ	ㅐ
[a]	[ʌ]	[o]	[u]	[ɯ]	[i]		[e]	[ɛ]
ㅑ	ㅕ	ㅛ	ㅠ				ㅖ	ㅒ
[ja]	[jʌ]	[jo]	[ju]				[je]	[jɛ]
ㅘ	ㅝ				ㅟ	ㅚ	ㅞ	ㅙ
[wa]	[wʌ]				[wi]	[we]	[we]	[wɛ]
					ㅢ			
					[ɯi]			

22 · 한글의 모음과 자음

6 자음 표
Consonant table

ㄱ [k][g]	ㄴ [n]	ㄷ [t][d]	ㄹ [r][l]	ㅁ [m]
ㅂ [p][b]	ㅅ [s][sh]	ㅇ [Ø][ŋ]	ㅈ [ts][j]	ㅊ [tsʰ]
ㅋ [kʰ]	ㅌ [tʰ]	ㅍ [pʰ]	ㅎ [h]	
ㄲ [k']	ㄸ [t']	ㅃ [p']	ㅆ [s']	ㅉ [ts']

한글 연습 1

모음 1
ㅏ ㅓ ㅗ ㅜ ㅡ ㅣ ㅐ ㅔ

자음 1
ㅂ ㄷ ㄱ ㅅ ㅈ ㅎ

1
ㅏ, ㅓ, ㅗ, ㅜ

🎧　　　들으세요 • Listening

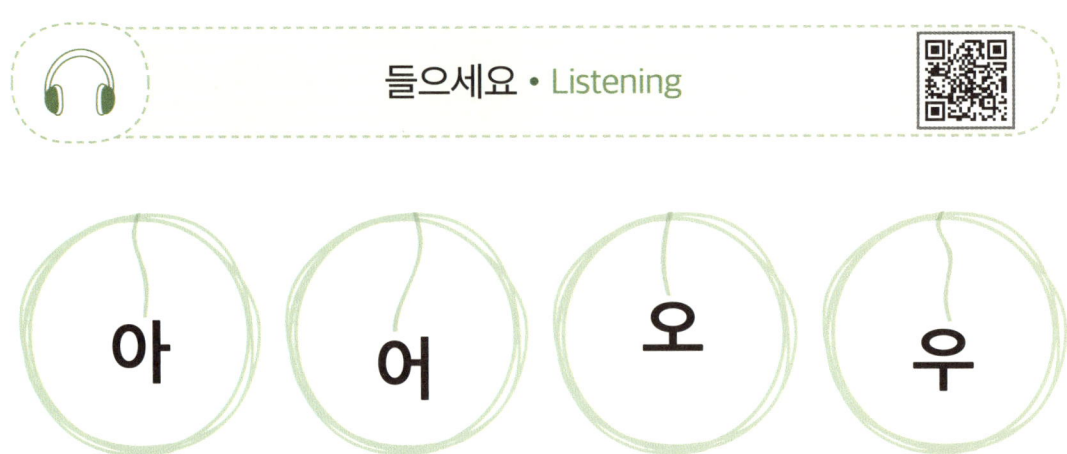

 읽으세요 • Speaking

 아    어    오   우

 쓰세요 • Writing

 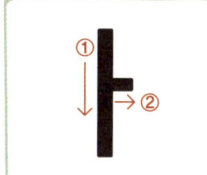  

 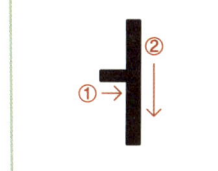  

 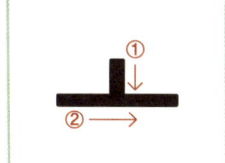  

 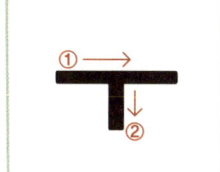  

🎧 들으세요 • Listening

 읽으세요 • Speaking

| 가 | 다 | 버 | 더 |
| 보 | 도 | 두 | 구 |

 쓰세요 • Writing

ㅂ	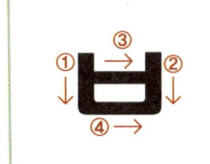		
ㄷ	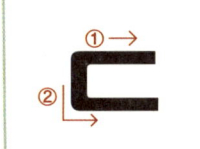		
ㄱ	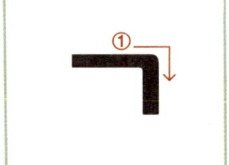		

3

ㅡ, ㅣ, ㅔ, ㅐ

🎧　　　들으세요 • Listening

읽으세요 • Speaking

 으　 이　 에　애

쓰세요 • Writing

 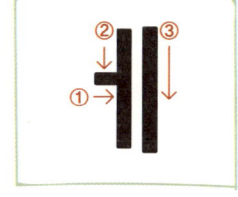  

 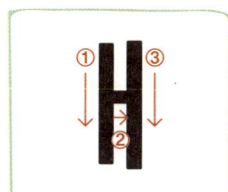 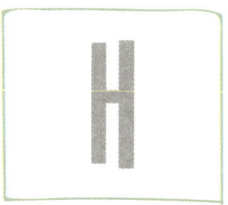 

들으세요 • Listening

 ## 읽으세요 • Speaking

 ## 쓰세요 • Writing

5 연습하기
Practice

 읽으세요 • Speaking

	ㅂ	ㄷ	ㄱ	ㅅ	ㅈ	ㅎ
ㅏ	바	다	가	사	자	하
ㅓ	버	더	거	서	저	허
ㅗ	보	도	고	소	조	호
ㅜ	부	두	구	수	주	후
ㅡ	브	드	그	스	즈	흐
ㅣ	비	디	기	시	지	히
ㅔ	베	데	게	세	제	헤
ㅐ	배	대	개	새	재	해

 쓰세요 • Writing

	ㅂ	ㄷ	ㄱ	ㅅ	ㅈ	ㅎ
ㅏ	바				자	
ㅓ			거			
ㅗ						호
ㅜ				수		
ㅡ		드				
ㅣ	비					
ㅔ			게			
ㅐ						해

• 메모

듣고 그리세요 • Listen & draw

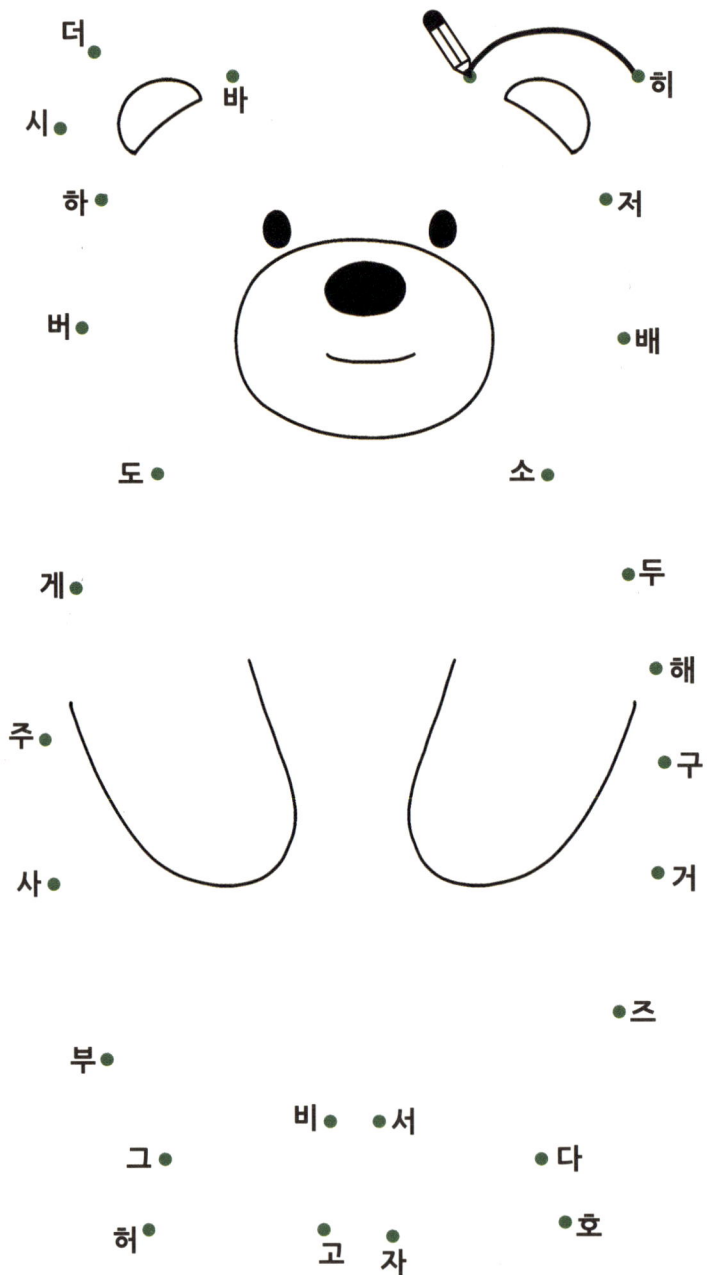

읽으세요 • Speaking

 바다	 두부	 구두	 고기
 버스	 비	 소	 게
 시소	 사자	 지도	 주스
 배	 부자	 호수	 해
 지구	 가수	 도시	 제기

 듣고 ✓하세요 • Listen & mark it

1) 바다 ✓   보다 ☐   6) 호소 ☐   호수 ☐

2) 사 ☐   소 ☐   7) 비 ☐   배 ☐

3) 부두 ☐ 두부 ☐   8) 구두 ☐   기도 ☐

4) 사다 ☐ 자다 ☐   9) 수다 ☐   수도 ☐

5) 사자 ☐ 하자 ☐   10) 지구 ☐ 지도 ☐

☑ 한 번 더 해 보세요.

1) 바다 ☐   보다 ☐   6) 호소 ☐   호수 ☐

2) 사 ☐   소 ☐   7) 비 ☐   배 ☐

3) 부두 ☐ 두부 ☐   8) 구두 ☐   기도 ☐

4) 사다 ☐ 자다 ☐   9) 수다 ☐   수도 ☐

5) 사자 ☐ 하자 ☐   10) 지구 ☐ 지도 ☐

 듣고 쓰세요 • Listen & write

1) 바다
2) _____
3) _____
4) _____
5) _____

6) _____
7) _____
8) _____
9) _____
10) _____

☑ 한 번 더 해 보세요.

1) _____
2) _____
3) _____
4) _____
5) _____

6) _____
7) _____
8) _____
9) _____
10) _____

 쓰세요 • Writing

바다	두부	구두	지도
시소	소	버스	사자
지구	게	부자	호수
배	주스	해	비
고기	가수	제기	도시

게임 • Game

1) 좋아하는 단어를 세 개 쓰세요. Write three words that you like.

2) 선생님이(친구가) 단어를 말하면 자음과 모음 퍼즐로 그 단어를 만들어 보세요. When the teacher (or a friend) says a word, form the word with the included letter blocks.

 듣기 · Listening

한글 연습 2

모음 2
ㅑ ㅕ ㅛ ㅠ ㅖ ㅒ

자음 2
ㅍ ㅌ ㅋ ㅊ

1
ㅑ, ㅕ, ㅛ, ㅠ

들으세요 • Listening

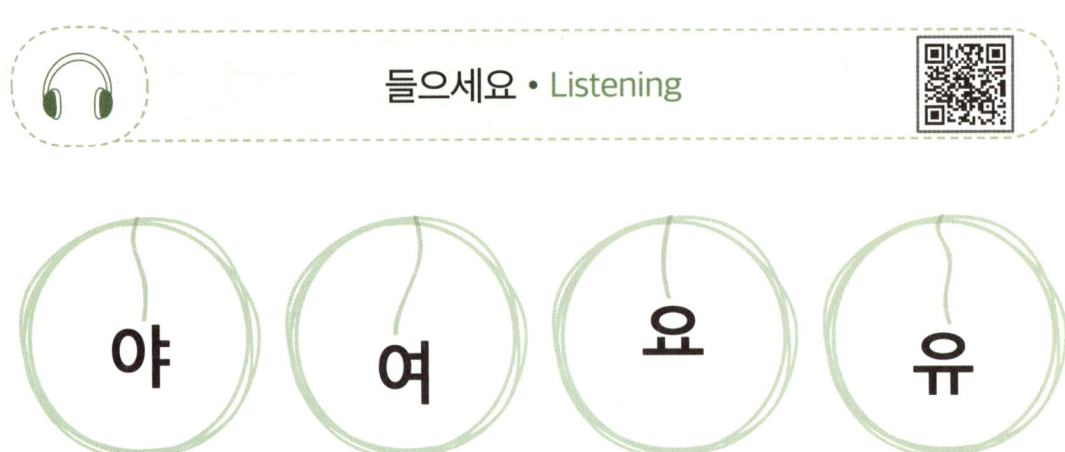

 읽으세요 • Speaking

야　여　요　유

 쓰세요 • Writing

　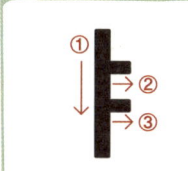　　

　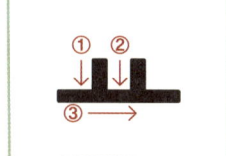　　

　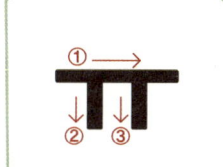　　

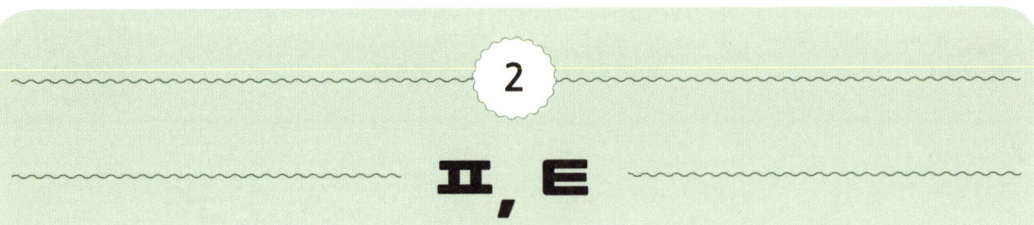

2
ㅍ, ㅌ

파도
토스트
포도
타조

🎧 　　　들으세요 • Listening

파　표　테　트

 읽으세요 • Speaking

| 펴 | 패 | 튜 | 티 |

 쓰세요 • Writing

프	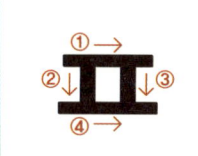	프	
E		E	
프			
E			

한글 연습 2 • 47

3 ㅖ, ㅒ

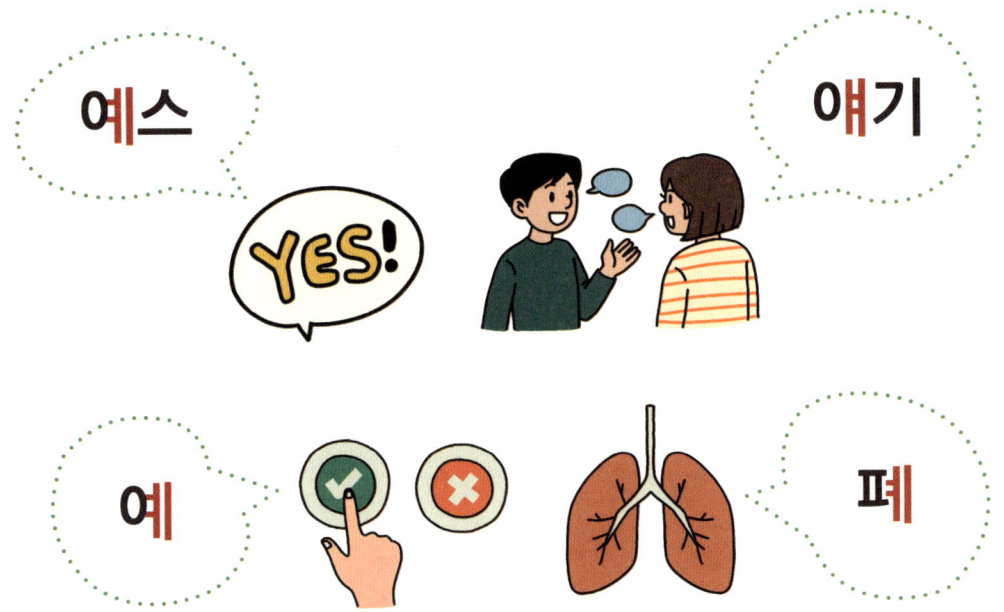

 들으세요 • Listening

 읽으세요 • Speaking

 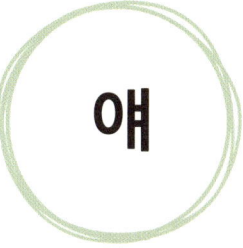

 쓰세요 • Writing

 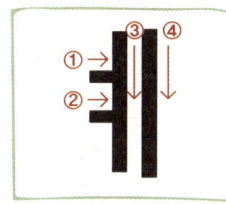  
 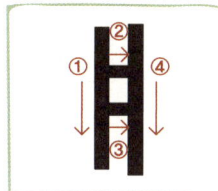  

4 ㅋ, ㅊ

커피 치즈 초코 초

🎧 들으세요 • Listening

키 코 차 쳐

 읽으세요 • Speaking

크　캬　초　치

쓰세요 • Writing

크	크	크	
츠	츠	츠	
크			
츠			

5 연습하기
Practice

🔊 읽으세요 • Speaking

파
포
초
토
요
예
또
표
코
애
야
벼
피
유
커

 쓰세요 • Writing

파			포		
슈			토		
코			벼		
초			야		
표			피		
유			커		

• 메모

 듣고 그리세요 • Listen & draw

 읽으세요 • Speaking

 파도    튜브    타조    벼

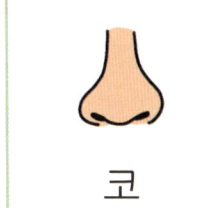 코    키    피구   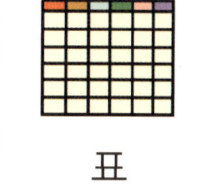 표

 치즈    우유    후추    야자수

 체스    초    휴가    투수

 배추    스키    휴지    포도

 듣고 ✓하세요 • Listen & mark it

1) 파도 ✓   포도 ☐   6) 체스 ☐   치즈 ☐
2) 키 ☐   코 ☐   7) 배구 ☐   피구 ☐
3) 타자 ☐   타조 ☐   8) 차다 ☐   자다 ☐
4) 캐다 ☐   개다 ☐   9) 터키 ☐   타기 ☐
5) 초 ☐   차 ☐   10) 휴가 ☐   휴지 ☐

✓ 한 번 더 해 보세요.

1) 파도 ☐   포도 ☐   6) 체스 ☐   치즈 ☐
2) 키 ☐   코 ☐   7) 배구 ☐   피구 ☐
3) 타자 ☐   타조 ☐   8) 차다 ☐   자다 ☐
4) 캐다 ☐   개다 ☐   9) 터키 ☐   타기 ☐
5) 초 ☐   차 ☐   10) 휴가 ☐   휴지 ☐

 듣고 쓰세요 • Listen & write

1) 피구
2) _____
3) _____
4) _____
5) _____
6) _____
7) _____
8) _____
9) _____
10) _____

☑ 한 번 더 해 보세요.

1) _____
2) _____
3) _____
4) _____
5) _____
6) _____
7) _____
8) _____
9) _____
10) _____

쓰세요 • Writing

파도	피구	타조	벼
튜브	코 (코)	체스	초
치즈	후추	효도	휴가
키	표	투수	배추
스키	휴지	포도	야자수

 게임 • Game

1) 좋아하는 단어를 세 개 쓰세요. Write three words that you like.

2) 선생님이(친구가) 단어를 말하면 자음과 모음 퍼즐로 그 단어를 만들어 보세요.
When the teacher (or a friend) says a word, form the word with the included letter blocks.

 듣기 · Listening

한글 연습 3

모음 3
ㅘ ㅝ ㅟ

자음 3
ㅃ ㄸ ㄲ ㅆ ㅉ

1
ㅘ, ㅝ, ㅟ

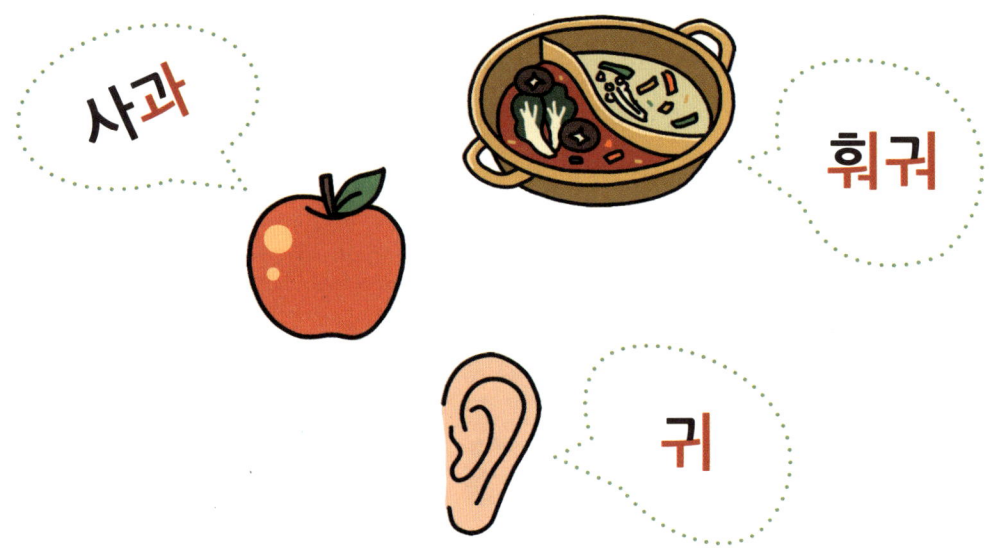

사과

훠궈

귀

🎧 들으세요 • Listening

와

워

위

 ## 읽으세요 • Speaking

 ## 쓰세요 • Writing

 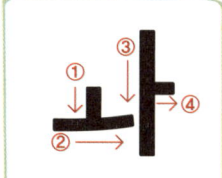  

 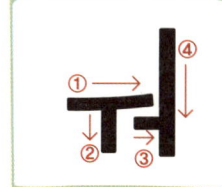  

 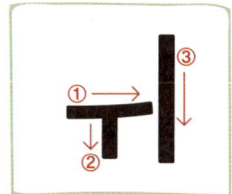  

한글 연습 3 • 63

2
ㅃ, ㄸ, ㄲ

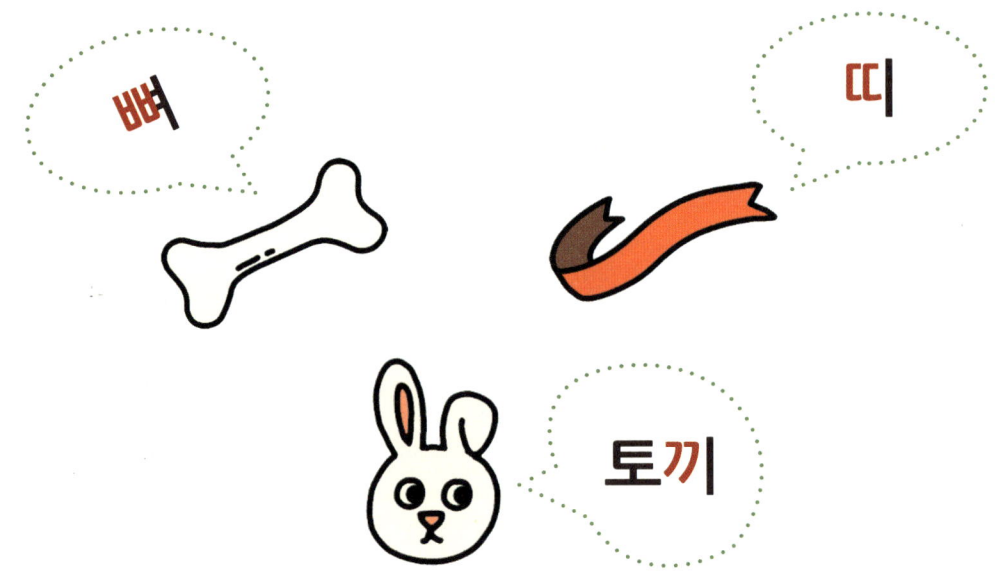

들으세요 • Listening

 읽으세요 • Speaking

 쓰세요 • Writing

ㅃ	ㅃ	ㅃ	
ㄸ	ㄸ	ㄸ	
ㄲ	ㄲ	ㄲ	

3 ㅆ, ㅉ

🎧 들으세요 • Listening

 읽으세요 • Speaking

싸　쌔　쭈　쫘

 쓰세요 • Writing

ㅆ	ㅆ	ㅆ	
ㅉ	ㅉ	ㅉ	
ㅆ			
ㅉ			

읽으세요 • Speaking

과

끼
뷔

위
씨
쉬

쫘
귀
쭈
짜

뼈

 쓰세요 • Writing

짜		뿌		
씨		또		
귀		좌		
끼		솨		
쏘		쌔		
튀		퓌		

• 메모

 듣고 그리세요 • Listen & draw

읽으세요 • Speaking

		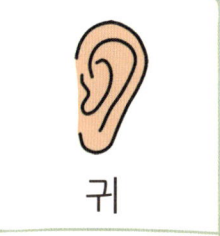	
토끼	사과	귀	또
			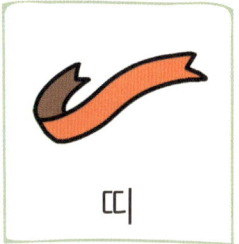
싸다	뼈	도끼	띠

짜다	휘다	쥐	따다
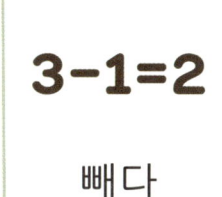			
빼다	찌개	쓰다	씨

벼	사자	뽀뽀	쉬다

 듣고 ✓하세요 • Listen & mark it

1) 도끼 ☐   토끼 ✓   6) 쥐다 ☐   휘다 ☐

2) 싸다 ☐   쓰다 ☐   7) 쏘다 ☐   쑤다 ☐

3) 짜다 ☐   찌다 ☐   8) 귀 ☐   뒤 ☐

4) 벼 ☐   뼈 ☐   9) 사과 ☐   다과 ☐

5) 띠 ☐   때 ☐   10) 따다 ☐ 타다 ☐

✓ 한 번 더 해 보세요.

1) 도끼 ☐   토끼 ☐   6) 쥐다 ☐   휘다 ☐

2) 싸다 ☐   쓰다 ☐   7) 쏘다 ☐   쑤다 ☐

3) 짜다 ☐   찌다 ☐   8) 귀 ☐   뒤 ☐

4) 벼 ☐   뼈 ☐   9) 사과 ☐   다과 ☐

5) 띠 ☐   때 ☐   10) 따다 ☐ 타다 ☐

 듣고 쓰세요 • Listen & write

1) 사과
2)
3)
4)
5)
6)
7)
8)
9)
10)

☑ 한 번 더 해 보세요.

1)
2)
3)
4)
5)
6)
7)
8)
9)
10)

 쓰세요 • Writing

토끼	사과	귀	씨
싸다	따다	깨	짜다
뒤	뼈	띠	휘다
도끼	쥐 *쥐*	뽀뽀	사자
찌개	쓰다	또	빼다

게임 • Game

1) 좋아하는 단어를 세 개 쓰세요. Write three words that you like.

2) 선생님이(친구가) 단어를 말하면 자음과 모음 퍼즐로 그 단어를 만들어 보세요.
When the teacher (or a friend) says a word, form the word with the included letter blocks.

한글 연습 4

모음 4
ㅚ ㅖ ㅒ ㅢ

자음 4
ㅁ ㄴ ㅇ ㄹ

1
ㅚ, ㅞ, ㅙ

 들으세요 • Listening

 읽으세요 • Speaking

 외 웨 왜

 쓰세요 • Writing

 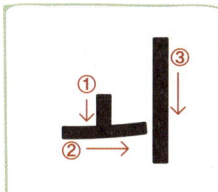  

 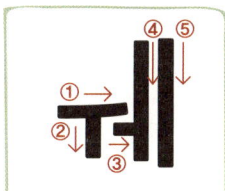  

 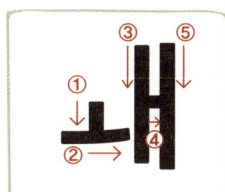 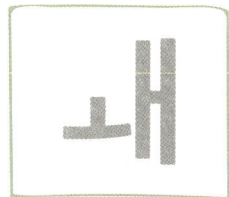 

2 ㅁ, ㄴ

🎧 들으세요 • Listening

 읽으세요 • Speaking

뮤　매　놔　느

 쓰세요 • Writing

 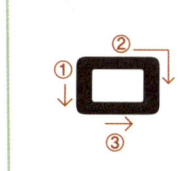  

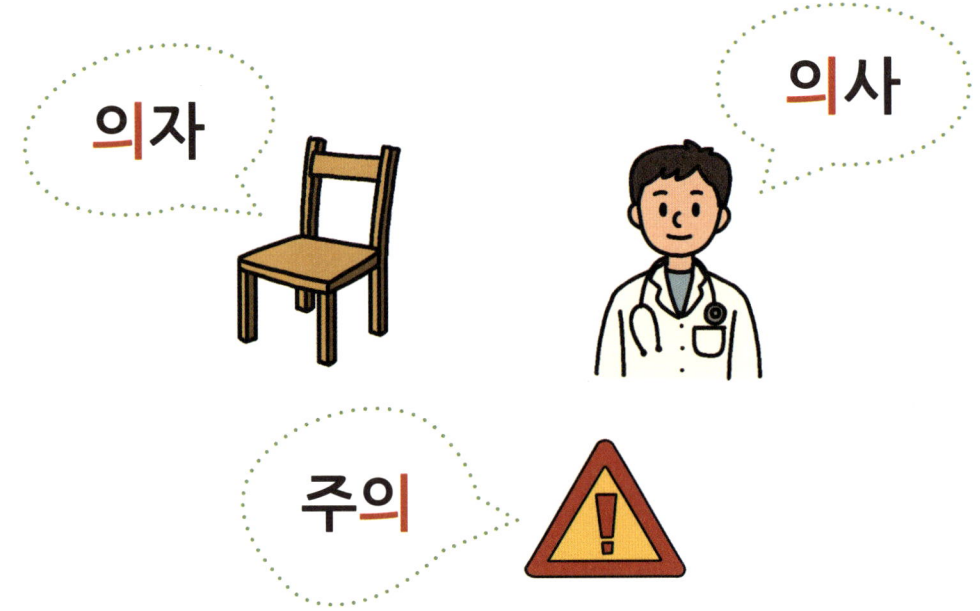

들으세요 • Listening

 읽으세요 • Speaking

 쓰세요 • Writing

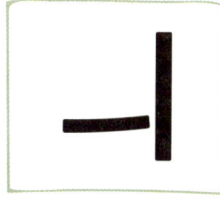 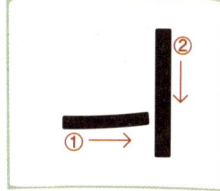  

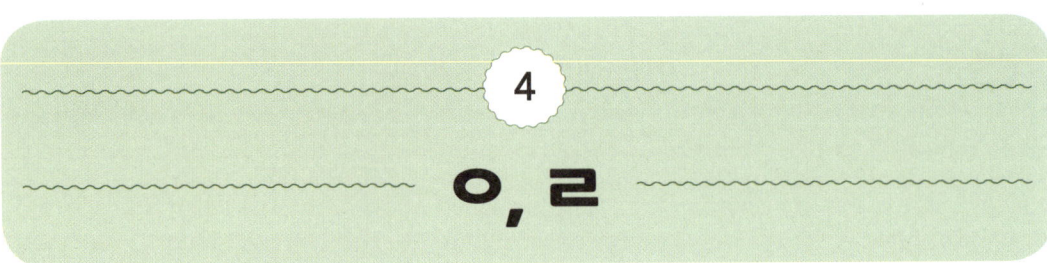

🎧　　　들으세요 • Listening

읽으세요 • Speaking

왜　유　래　류

쓰세요 • Writing

ㅇ　ㅇ　ㅇ

ㄹ　ㄹ　ㄹ

ㅇ

ㄹ

5 연습하기
Practice

🗣️ 읽으세요 • Speaking

외
괴

머
리

요

노　의

래　　　애

웨　뭐

 쓰세요 • Writing

나		뭐			
리		왜			
뇌		돼			
의		괴			
왜		래			
유		모			

• 메모

 듣고 그리세요 • Listen & draw

써 왜 의   웨 워
꼬   쥐 외
도   위
        와
주   꿔
  깨 싸 뿌 무 류 봐
          좌   르
          귀
          마
와   놔 봐 므
       라
       느

 읽으세요 • Speaking

 나무	 우유	 모래	 노래
 돼지	 보리	 소리	 의사
 무지개	 웨이퍼	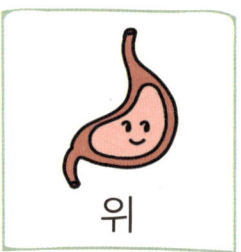 위	 왜
 요리	 도토리	 머리	 의자
 해외	 회사	 오리	 스웨터

 듣고 ✓ 하세요 • Listen & mark it

1) 모래 ✓   무리 ☐   6) 우유 ☐   우리 ☐

2) 너무 ☐   나무 ☐   7) 무리 ☐   머리 ☐

3) 의사 ☐   이사 ☐   8) 수리 ☐   소리 ☐

4) 부리 ☐   보리 ☐   9) 무지개 ☐   부지개 ☐

5) 위 ☐   왜 ☐   10) 두투리 ☐   도토리 ☐

✓ 한 번 더 해 보세요.

1) 모래 ☐   무리 ☐   6) 우유 ☐   우리 ☐

2) 너무 ☐   나무 ☐   7) 무리 ☐   머리 ☐

3) 의사 ☐   이사 ☐   8) 수리 ☐   소리 ☐

4) 부리 ☐   보리 ☐   9) 무지개 ☐   부지개 ☐

5) 위 ☐   왜 ☐   10) 두투리 ☐   도토리 ☐

 ## 듣고 쓰세요 • Listen & write

1) 위
2)
3)
4)
5)
6)
7)
8)
9)
10)

☑ 한 번 더 해 보세요.

1)
2)
3)
4)
5)
6)
7)
8)
9)
10)

쓰세요 • Writing

모래	나무	우유	요리
위	아래	보리 *보리*	돼지
웨이퍼	왜	의자	무지개
소리	도토리	오리	회사
머리	해외	스웨터	노래

게임 • Game

1) 좋아하는 단어를 세 개 쓰세요. Write three words that you like.

2) 선생님이(친구가) 단어를 말하면 자음과 모음 퍼즐로 그 단어를 만들어 보세요.
When the teacher (or a friend) says a word, form the word with the included letter blocks.

 읽으세요 • Speaking

	ㅏ	ㅓ	ㅗ	ㅜ	ㅡ	ㅣ	ㅔ	ㅐ	ㅑ	ㅕ	ㅛ
ㅂ	바	버	보	부	브	비	베	배	뱌	벼	뵤
ㄷ	다	더	도	두	드	디	데	대	댜	뎌	됴
ㄱ	가	거	고	구	그	기	게	개	갸	겨	교
ㅅ	사	서	소	수	스	시	세	새	샤	셔	쇼
ㅈ	자	저	조	주	즈	지	제	재	쟈	져	죠
ㅎ	하	허	호	후	흐	히	헤	해	햐	혀	효
ㅍ	파	퍼	포	푸	프	피	페	패	퍄	펴	표
ㅌ	타	터	토	투	트	티	테	태	탸	텨	툐
ㅋ	카	커	코	쿠	크	키	케	캐	캬	켜	쿄
ㅊ	차	처	초	추	츠	치	체	채	챠	쳐	쵸
ㅃ	빠	뻐	뽀	뿌	쁘	삐	뻬	빼	뺘	뼈	뾰
ㄸ	따	떠	또	뚜	뜨	띠	떼	때	땨	뗘	뚀
ㄲ	까	꺼	꼬	꾸	끄	끼	께	깨	꺄	껴	꾜
ㅆ	싸	써	쏘	쑤	쓰	씨	쎄	쌔	쌰	쎠	쑈
ㅉ	짜	쩌	쪼	쭈	쯔	찌	쩨	째	쨔	쪄	쬬
ㅁ	마	머	모	무	므	미	메	매	먀	며	묘
ㄴ	나	너	노	누	느	니	네	내	냐	녀	뇨
ㅇ	아	어	오	우	으	이	에	애	야	여	요
ㄹ	라	러	로	루	르	리	레	래	랴	려	료

	ㅠ	ㅖ	ㅒ	ㅘ	ㅝ	ㅟ	ㅚ	ㅞ	ㅙ	ㅢ
ㅂ	뷰	볘	뱨	봐	붜	뷔	뵈	붸	봬	븨
ㄷ	듀	뎨	댸	돠	둬	뒤	되	뒈	돼	듸
ㄱ	규	계	갸	과	궈	귀	괴	궤	괘	긔
ㅅ	슈	셰	섀	솨	숴	쉬	쇠	쉐	쇄	싀
ㅈ	쥬	졔	쟤	좌	줘	쥐	죄	줴	좨	즤
ㅎ	휴	혜	햬	화	훠	휘	회	훼	홰	희
ㅍ	퓨	폐	퍠	퐈	풔	퓌	푀	풰	퐤	픠
ㅌ	튜	톄	턔	톼	퉈	튀	퇴	퉤	퇘	틔
ㅋ	큐	켸	컈	콰	쿼	퀴	쾨	퀘	쾌	킈
ㅊ	츄	쳬	챼	촤	춰	취	최	췌	쵀	츼
ㅃ	쀼	뼤	뺴	뽜	뿨	쀠	뾔	쀄	빼	쁴
ㄸ	뜌	뗴	떄	똬	뚸	뛰	뙤	뛔	뙈	띄
ㄲ	뀨	꼐	꺠	꽈	꿔	뀌	꾀	꿰	꽤	끠
ㅆ	쓔	쎼	썌	쏴	쒀	쒸	쐬	쒜	쐐	씌
ㅉ	쮸	쪠	쨰	쫘	쭤	쮜	쬐	쮀	쫴	쯰
ㅁ	뮤	몌	먜	뫄	뭐	뮈	뫼	뭬	뫠	믜
ㄴ	뉴	녜	냬	놔	눠	뉘	뇌	눼	놰	늬
ㅇ	유	예	얘	와	워	위	외	웨	왜	의
ㄹ	류	례	럐	롸	뤄	뤼	뢰	뤠	뢔	릐

 쓰세요 • Writing

	ㅏ	ㅓ	ㅗ	ㅜ	ㅡ	ㅣ	ㅔ	ㅐ	ㅑ	ㅕ	ㅛ
ㅂ											
ㄷ											
ㄱ											
ㅅ											
ㅈ											
ㅎ											
ㅍ											
ㅌ											
ㅋ											
ㅊ											
ㅃ											
ㄸ											
ㄲ											
ㅆ											
ㅉ											
ㅁ											
ㄴ											
ㅇ											
ㄹ											

	ㅠ	ㅖ	ㅒ	ㅘ	ㅝ	ㅟ	ㅚ	ㅔ	ㅐ	ㅢ
ㅂ										
ㄷ										
ㄱ										
ㅅ										
ㅈ										
ㅎ										
ㅍ										
ㅌ										
ㅋ										
ㅊ										
ㅃ										
ㄸ										
ㄲ										
ㅆ										
ㅉ										
ㅁ										
ㄴ										
ㅇ										
ㄹ										

한글 연습 5

받침 1
ㅂ ㄷ ㄱ

받침 2
ㅁ ㄴ ㅇ ㄹ

ㅂ, ㄷ, ㄱ

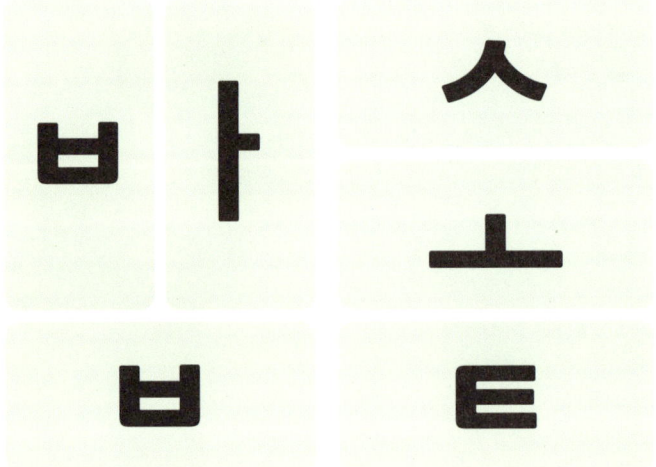

ㅂ(브, 프, 밧, 랩, 랲)

밥[밥]

무릎[무릅]
없다[업ː따]
밟다[밥ː따]
읊다[읍따]

집

맵다

잎

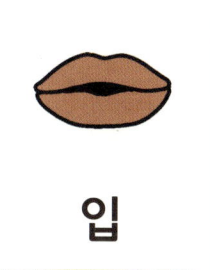
입

ㄷ(ㄷ, ㅅ, ㅈ, ㅊ, ㅌ, ㅎ, ㅆ)

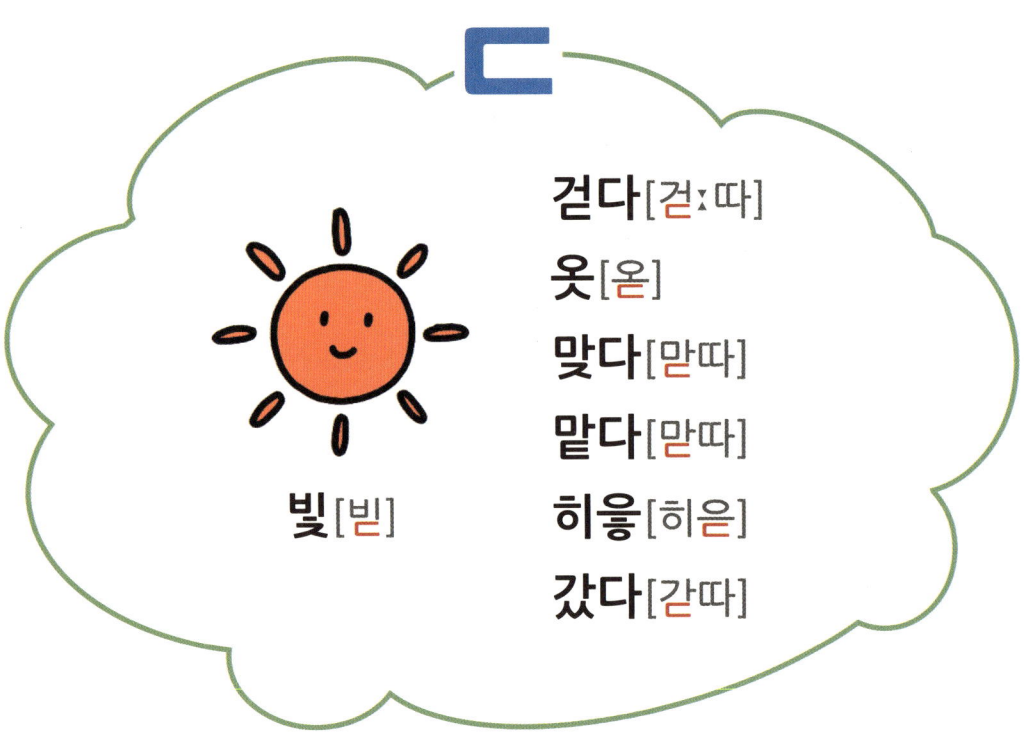

빛[빋]
걷다[걷ː따]
옷[옫]
맞다[맏따]
맡다[맏따]
히읗[히읃]
갔다[갇따]

숟가락

젓가락

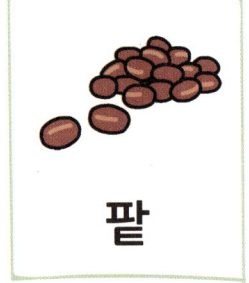
팥

꽃

ㄱ(ㄱ, ㅋ, ㄲ, ㄳ, ㄺ)

수박[수ː박]

부엌[부억]
밖[박]
몫[목]
읽다[익따]

축제

박수

떡볶이

학교

 듣고 그리세요 • Listen & draw

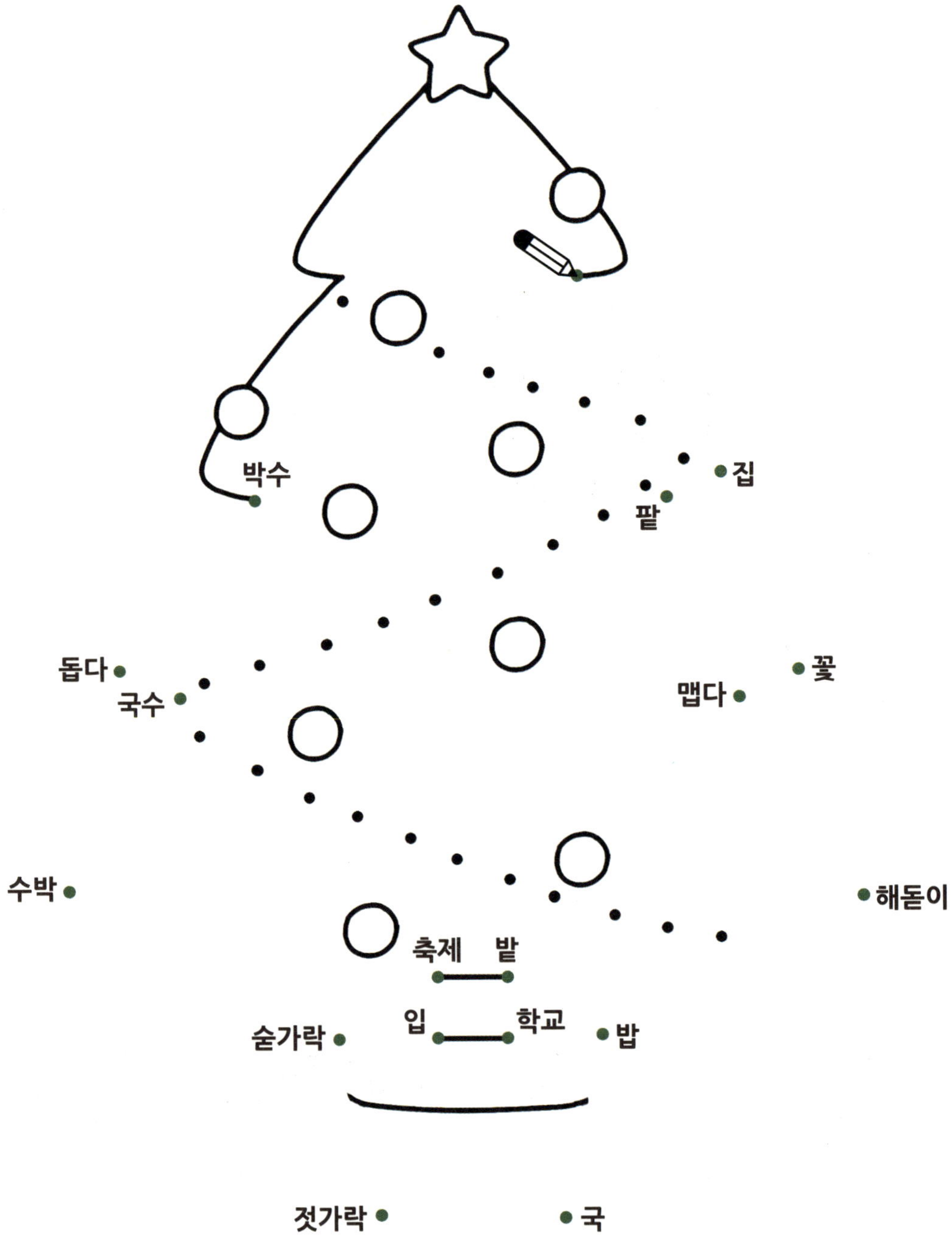

박수

집
팥

돕다
국수

꽃
맵다

수박

해돋이

축제 밭
숟가락 입 학교 밥

젓가락 국

쓰세요 • Writing

집	맵다	해돋이	팥
꽃	젓가락	잎	입 (입)
축제	박수	수박	학교
밥	몫	걷다	부엌
밟다	읽다	무릎	빛

 듣고 ✓하세요 • Listen & mark it

1) 맵다 ✓ 맞다 ☐   6) 학교 ☐ 하고 ☐

2) 곡 ☐ 꽃 ☐   7) 복 ☐ 목 ☐

3) 수박 ☐ 숙박 ☐   8) 복수 ☐ 박수 ☐

4) 핵도시 ☐ 해돋이 ☐ 9) 젓가락 ☐ 숟가락 ☐

5) 축제 ☐ 축하 ☐   10) 팥 ☐ 밭 ☐

✓ 한 번 더 해 보세요.

1) 맵다 ☐ 맞다 ☐   6) 학교 ☐ 하고 ☐

2) 곡 ☐ 꽃 ☐   7) 복 ☐ 목 ☐

3) 수박 ☐ 숙박 ☐   8) 복수 ☐ 박수 ☐

4) 핵도시 ☐ 해돋이 ☐ 9) 젓가락 ☐ 숟가락 ☐

5) 축제 ☐ 축하 ☐   10) 팥 ☐ 밭 ☐

 ## 듣고 쓰세요 • Listen & write

1) 집
2)
3)
4)
5)
6)
7)
8)
9)
10)

☑ 한 번 더 해 보세요.

1)
2)
3)
4)
5)
6)
7)
8)
9)
10)

 # 게임 • Game

1) 좋아하는 단어를 세 개 쓰세요. Write three words that you like.

2) 선생님이(친구가) 단어를 말하면 자음과 모음 퍼즐로 그 단어를 만들어 보세요.
When the teacher (or a friend) says a word, form the word with the included letter blocks.

ㅁ, ㄴ, ㅇ, ㄹ

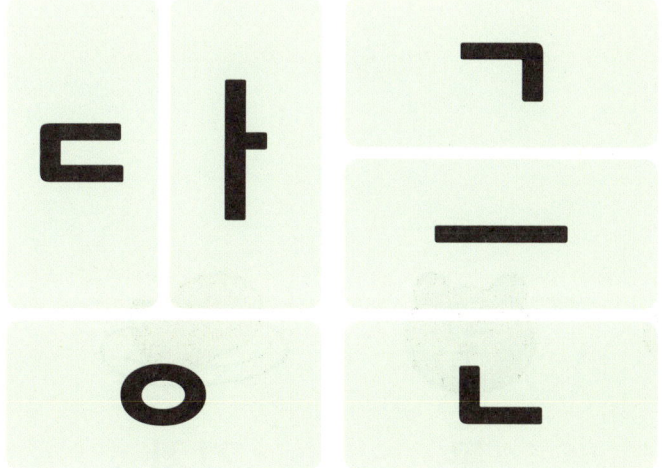

ㅁ (ㅁ, ㄻ)

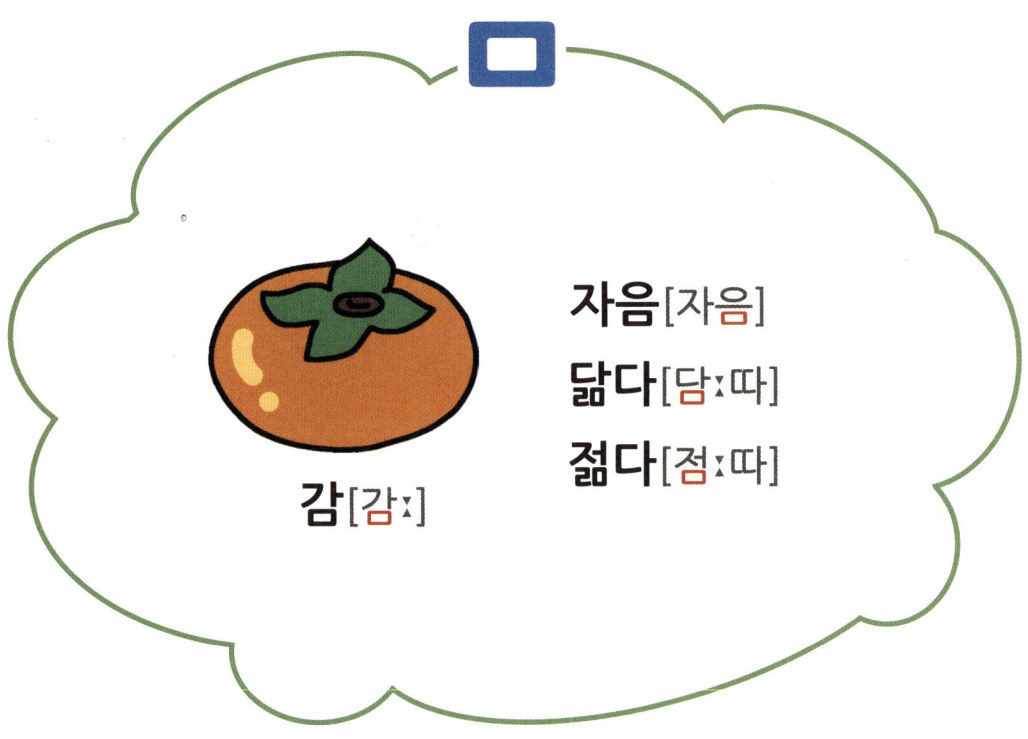

ㅁ

자음[자음]
닮다[담ː따]
젊다[점ː따]

감[감ː]

밤

곰

김치

마음

ㄴ(ㄴ, ㄵ, ㄶ)

ㄴ

산[산]

안다[안ː따]
앉다[안따]
많다[만ː타]

친구

라면

문제

리본

ㅇ(ㅇ)

강[강] 방[방]

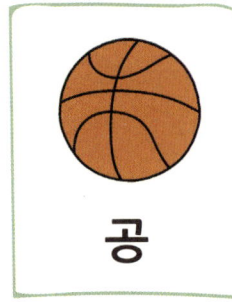   

공   사랑   풍선   장갑

ㄹ (ㄹ, ㄺ, ㄻ, ㄼ, ㄽ, ㄾ, ㄿ, ㅀ)

ㄹ

딸기[딸ː기]

발[발]
길[길]
읽고[일꼬]
닮아서[달마서]
밟아요[발바요]
곬[골]
핥다[할따]
읊어요[을퍼요]
싫다[실타]

하늘

말

양말

지하철

 듣고 그리세요 • Listen & draw

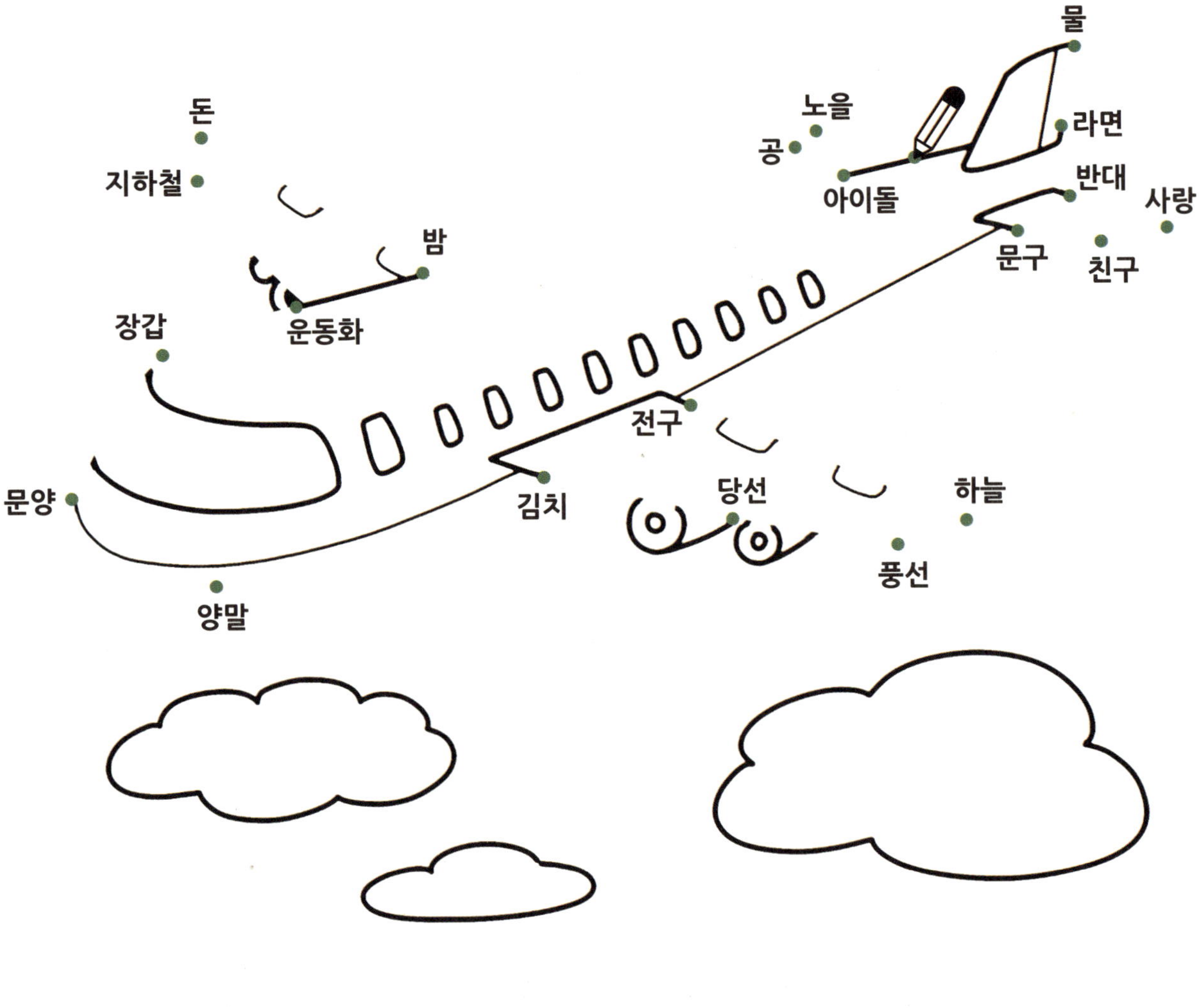

 쓰세요 • Writing

| 밤 | 김치 | 친구 | 풍선 |
| 밤 | | | |

| 라면 | 양말 | 장갑 | 문제 |

| 운동화 | 사랑 | 하늘 | 지하철 |

| 아이돌 | 곰 | 공 | 비행기 |

| 발 | 공기 | 노을 | 한국 |

 듣고 ✓하세요 • Listen & mark it

1) 밥 ☐   밤 ☑   6) 참치 ☐   김치 ☐
2) 양말 ☐ 연말 ☐   7) 운동화 ☐ 운동장 ☐
3) 친구 ☐ 전구 ☐   8) 문자 ☐   문제 ☐
4) 리본 ☐ 라면 ☐   9) 장갑 ☐   장화 ☐
5) 풍선 ☐ 풍속 ☐   10) 마늘 ☐ 하늘 ☐

☑ 한 번 더 해 보세요.

1) 밥 ☐   밤 ☐   6) 참치 ☐   김치 ☐
2) 양말 ☐ 연말 ☐   7) 운동화 ☐ 운동장 ☐
3) 친구 ☐ 전구 ☐   8) 문자 ☐   문제 ☐
4) 리본 ☐ 라면 ☐   9) 장갑 ☐   장화 ☐
5) 풍선 ☐ 풍속 ☐   10) 마늘 ☐ 하늘 ☐

 듣고 쓰세요 • Listen & write

1) 장갑
2)
3)
4)
5)
6)
7)
8)
9)
10)

☑ 한 번 더 해 보세요.

1)
2)
3)
4)
5)
6)
7)
8)
9)
10)

 게임 • Game

1) 좋아하는 단어를 세 개 쓰세요. Write three words that you like.

2) 선생님이(친구가) 단어를 말하면 자음과 모음 퍼즐로 그 단어를 만들어 보세요. When the teacher (or a friend) says a word, form the word with the included letter blocks.

한글 놀이

듣기 · Listening

읽으세요 • Speaking

머리

다리

개나리

소리

뿌리

꼬리

허리

두 마리
마리

소쿠리

유리

보리

무리

추리

오리

도토리

고리

돗자리

독수리

미나리

거리

 듣고 그리세요 • Listen & draw

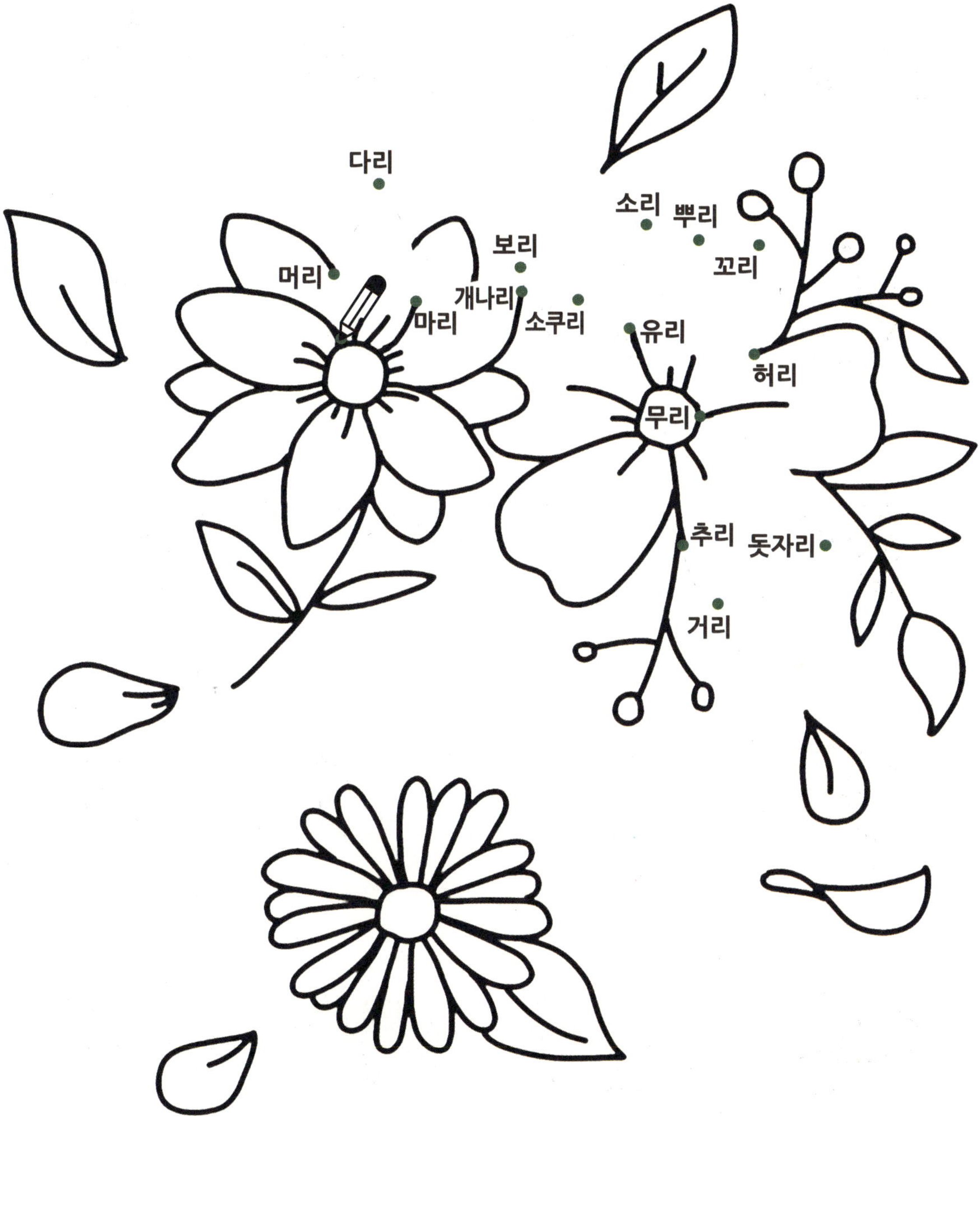

다리
소리 뿌리
머리 보리
  개나리 꼬리
  마리 소쿠리 유리
      허리
    무리
      추리 돗자리
      거리

읽으세요 • Speaking

 산
 바다
 강
 해

 달
 별
 하늘
 구름

 바람
 눈
 비
 번개

 천둥
 우박
 얼음
 고드름

 폭풍
 해일
 지진
 안개

 듣고 그리세요 • Listen & draw

• 하늘

• 구름　　　• 폭풍

• 강　　　　　　　　• 비

• 산　　　• 안개　

• 눈

• 바람

읽으세요 • Speaking

 비행기
 버스
 기차
 배

 자전거
 오토바이
 요트
 트럭

 트램
 택시
 자동차
 지하철

 킥보드
 헬리콥터
 낙하산
 유람선

 마차
 모노레일
 케이블카
 눈썰매

 듣고 그리세요 • Listen & draw

요트 •기차
자동차 택시 비행기
트램 •지하철
트럭 배
눈썰매 오토바이
낙하산 자전거 버스

읽으세요 • Speaking

 사과

 바나나

 복숭아

 배

 딸기

 수박

 감

 키위

 참외

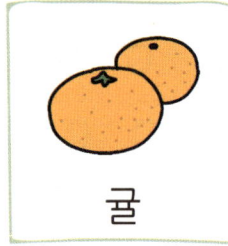 귤

 망고

 포도

 오렌지

 자몽

 샤인 머스캣

 대추

 밤

 고구마

 감자

 호박

 듣고 그리세요 • Listen & draw

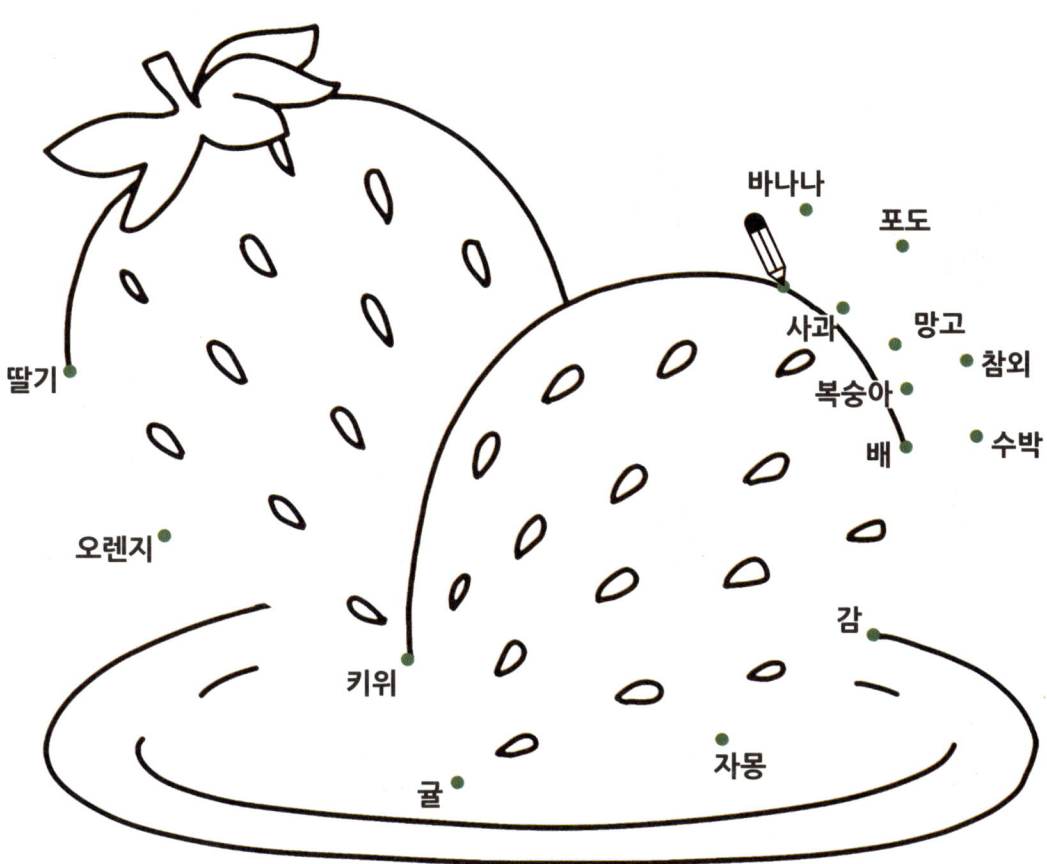

읽으세요 • Speaking

 나무
 은행나무
 단풍나무
 소나무

 꽃
 장미
 수선화
 백합

 개나리
 진달래
 해바라기
 목련

 백일홍
 코스모스
 국화
 무궁화

 라일락
 안개꽃
 벚꽃
 밤나무

 듣고 그리세요 • Listen & draw

꽃

코스모스

무궁화

해바라기

백합

나무 • 소나무

목련 • 단풍나무

장미

개나리 • 진달래 • 수선화

은행나무

 읽으세요 • Speaking

 고양이	 강아지	 토끼	 양
 말	 소	 사자	 호랑이
 낙타	 까마귀	 독수리	 돼지
 타조	 오리	 새	 다람쥐
 물고기	 기린	 곰	 원숭이

 듣고 그리세요 • Listen & draw

곰
원숭이
기린
돼지 호랑이 강아지 다람쥐
소   사자   토끼
말
양   낙타 고양이 까마귀 독수리

한글 놀이 • 131

읽으세요 • Speaking

 집

 학교

 은행

 과일 가게

 영화관

 운동장

 꽃집

 빵집

 옷 가게

 미용실

 세탁소

 구두 가게

 놀이터

 병원

 약국

 우체국

 도서관

 백화점

 식당

 서점

 듣고 그리세요 • Listen & draw

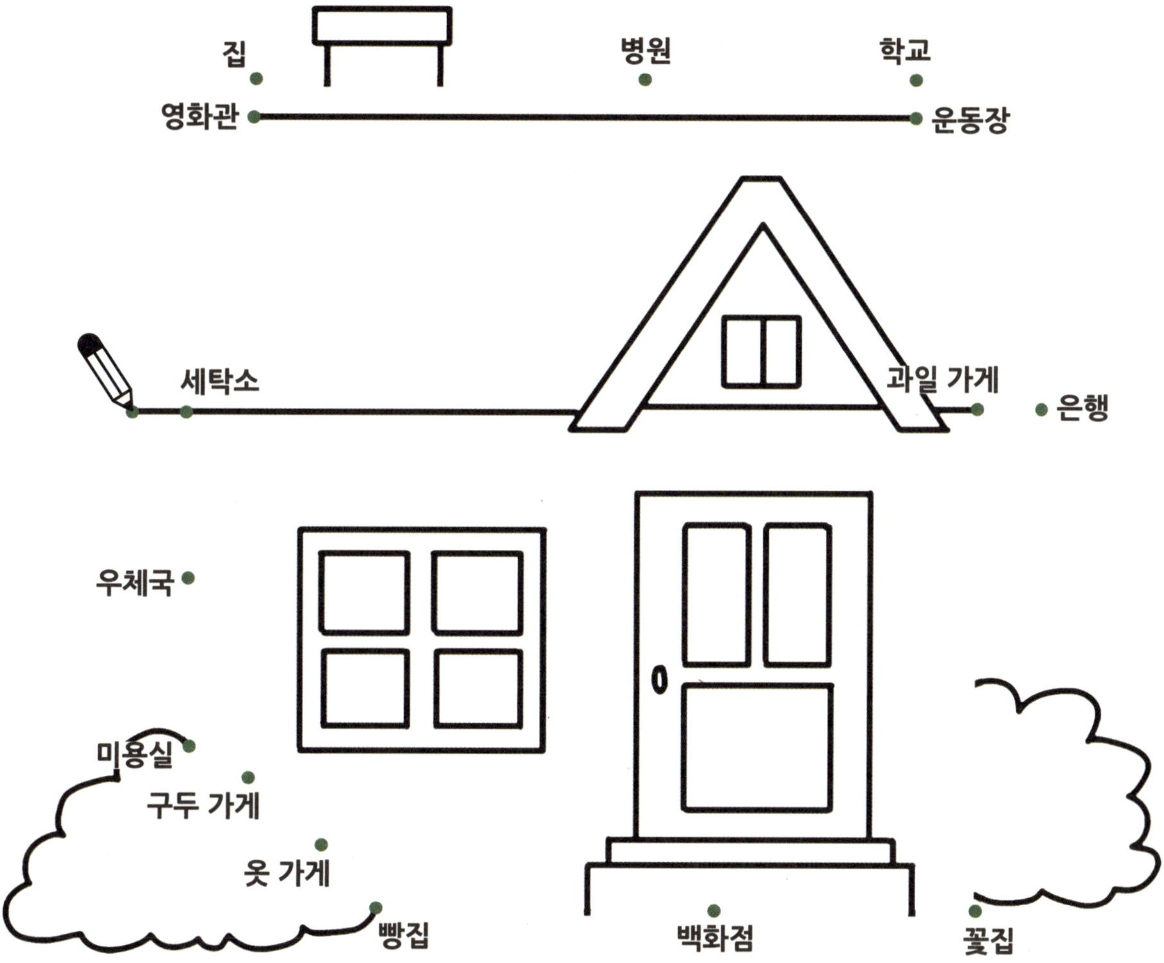

집　　　　　　　　병원　　　　　학교
영화관──────────────────운동장

세탁소──────────────과일 가게
　　　　　　　　　　　　　　　　●은행

우체국●

미용실●
　구두 가게●
　　옷 가게●
　　　　빵집●　　　백화점●　　　꽃집●

퍼즐 게임 • Puzzle game

1) 빈칸에 생각나는 글자를 써 보세요.
   Fill in the blanks with any syllables that come to mind.
2) 선생님이(친구가) 단어를 말하면 가로, 세로, 대각선에서 연결하세요.
   When the teacher (or a friend) says a word, find it and draw a line to connect the syllables either vertically, horizontally, or diagonally.

악	수				
	박	물	관		
				커	
				피	구
	피	자			
	아				
	노	래	방		

빙고 게임 • Bingo game

4~6명 그룹 게임

1) 빈칸에 좋아하는 음식 이름을 쓰세요.
   Fill in the blanks with the names of food you like.
2) 한 사람씩 돌아가면서 음식 이름을 말하고 표에서 지우세요.
   Taking turns, each person says the name of a food and crosses it out on the board.
3) 제일 먼저 한 줄을 연결하는 사람이 이기는 게임입니다.
   The first person to complete a row is the winner.

비빔밥				
		감자탕		
			피자	

 읽으세요 • Speaking

1) 인사

안녕하세요.

감사합니다.

고마워요.

미안해요.

축하해요.

괜찮아요.

좋아요.

내일 만나요.

주말 잘 보내세요.

2) 뭐예요?

사과

바나나

딸기

책

교통카드

가방

목걸이

시계

반지

 읽으세요 • Speaking

3) 어디예요?

학교
공항
병원
은행
도서관
카페
식당
명동
서울
파리
하와이
중국

4) 누구예요?

비비엔

크리스

스테파니

보리스

리리

5) 여러분의 이름을 쓰세요

_____

친구의 이름이 뭐예요?

정답

한글 연습 1

35쪽

	ㅂ	ㄷ	ㄱ	ㅅ	ㅈ	ㅎ
ㅏ	바	다	가	사	자	하
ㅓ	버	더	거	서	저	허
ㅗ	보	도	고	소	조	호
ㅜ	부	두	구	수	주	후
ㅡ	브	드	그	스	즈	흐
ㅣ	비	디	기	시	지	히
ㅔ	베	데	게	세	제	헤
ㅐ	배	대	개	새	재	해

36쪽

38쪽

2) 소   3) 두부 4) 자다 5) 사자 6) 호수
7) 배   8) 구두 9) 수도 10) 지도

39쪽

2) 지구 3) 게   4) 두부 5) 호수 6) 시소
7) 사자 8) 배   9) 수도 10) 해

한글 연습 2

54쪽

56쪽

2) 코   3) 타조 4) 캐다 5) 초   6) 치즈
7) 피구 8) 차다 9) 터키 10) 휴지

57쪽

2) 타조 3) 우유 4) 파도 5) 후추 6) 차다
7) 치즈 8) 키   9) 코   10) 벼

한글 연습 3

70쪽

72쪽

2) 싸다 3) 찌다 4) 뼈 5) 띠 6) 휘다
7) 쏘다 8) 뒤 9) 사과 10) 따다

73쪽

2) 토끼 3) 뼈 4) 귀 5) 뒤 6) 씨
7) 짜다 8) 따다 9) 띠 10) 빼다

한글 연습 4

88쪽

90쪽

2) 나무 3) 의사 4) 보리 5) 왜
6) 우유 7) 머리 8) 소리 9) 무지개
10) 도토리

91쪽

2) 보리 3) 나무 4) 라디오 5) 스웨터
6) 의사 7) 무지개 8) 모래 9) 소리
10) 뿌리

96쪽

	ㅏ	ㅓ	ㅗ	ㅜ	ㅡ	ㅣ	ㅔ	ㅐ	ㅑ	ㅕ	ㅛ
ㅂ	바	버	보	부	브	비	베	배	뱌	벼	뵤
ㄷ	다	더	도	두	드	디	데	대	댜	뎌	됴
ㄱ	가	거	고	구	그	기	게	개	갸	겨	교
ㅅ	사	서	소	수	스	시	세	새	샤	셔	쇼
ㅈ	자	저	조	주	즈	지	제	재	쟈	져	죠
ㅎ	하	허	호	후	흐	히	헤	해	햐	혀	효
ㅍ	파	퍼	포	푸	프	피	페	패	퍄	펴	표
ㅌ	타	터	토	투	트	티	테	태	탸	텨	툐
ㅋ	카	커	코	쿠	크	키	케	캐	캬	켜	쿄
ㅊ	차	처	초	추	츠	치	체	채	챠	쳐	쵸
ㅃ	빠	뻐	뽀	뿌	쁘	삐	뻬	빼	뺘	뼈	뾰
ㄸ	따	떠	또	뚜	뜨	띠	떼	때	땨	뗘	뚀
ㄲ	까	꺼	꼬	꾸	끄	끼	께	깨	꺄	껴	꾜
ㅆ	싸	써	쏘	쑤	쓰	씨	쎄	쌔	쌰	쎠	쑈
ㅉ	짜	쩌	쪼	쭈	쯔	찌	쩨	째	쨔	쪄	쬬
ㅁ	마	머	모	무	므	미	메	매	먀	며	묘
ㄴ	나	너	노	누	느	니	네	내	냐	녀	뇨
ㅇ	아	어	오	우	으	이	에	애	야	여	요
ㄹ	라	러	로	루	르	리	레	래	랴	려	료

정 답

97쪽

	ㅠ	ㅖ	ㅒ	ㅘ	ㅝ	ㅟ	ㅚ	ㅞ	ㅙ	ㅢ
ㅂ	뷰	볘	뱨	봐	붜	뷔	뵈	붸	봬	븨
ㄷ	듀	뎨	댸	돠	둬	뒤	되	뒈	돼	듸
ㄱ	규	계	걔	과	궈	귀	괴	궤	괘	긔
ㅅ	슈	셰	섀	솨	쉬	쉬	쇠	쉐	쇄	싀
ㅈ	쥬	졔	쟤	좌	줘	쥐	죄	줴	좨	즤
ㅎ	휴	혜	해	화	훠	휘	회	훼	홰	희
ㅍ	퓨	폐	퍠	퐈	풔	퓌	푀	풰	퐤	픠
ㅌ	튜	톄	턔	톼	퉈	튀	퇴	퉤	퇘	틔
ㅋ	큐	켸	컈	콰	쿼	퀴	쾨	퀘	쾌	킈
ㅊ	츄	쳬	챼	촤	춰	취	최	췌	쵀	츼
ㅃ	쀼	뼤	뺴	뽜	뿨	쀠	뾔	쀄	뽸	쁴
ㄸ	뜌	뗴	떄	똬	뚸	뛰	뙤	뛔	뙈	띄
ㄲ	뀨	꼐	꺠	꽈	꿔	뀌	꾀	꿰	꽤	끠
ㅆ	쓔	쎼	썌	쏴	쒀	쒸	쐬	쒜	쐐	씌
ㅉ	쮸	쪠	쨰	쫘	쭤	쮜	쬐	쮀	쫴	찌
ㅁ	뮤	몌	먜	뫄	뭐	뮈	뫼	뭬	뫠	믜
ㄴ	뉴	녜	냬	놔	눠	뉘	뇌	눼	놰	늬
ㅇ	유	예	얘	와	워	위	외	웨	왜	의
ㄹ	류	례	럐	롸	뤄	뤼	뢰	뤠	뢔	릐

한글 연습 5

104쪽

106쪽

2) 꽃 3) 수박 4) 해돋이 5) 축제
6) 학교 7) 목 8) 박수 9) 젓가락
10) 팥

107쪽

2) 팥 3) 젓가락 4) 수박 5) 맵다
6) 의사 7) 무지개 8) 모래 9) 소리
10) 뿌리

114쪽

116쪽

2) 양말   3) 친구   4) 라면   5) 풍선
6) 김치   7) 운동화   8) 문제   9) 장갑
10) 하늘

117쪽

2) 김치   3) 풍선   4) 하늘   5) 지하철
6) 사랑   7) 양말   8) 문제   9) 라면
10) 운동화

한글 놀이

121쪽

123쪽

125쪽

127쪽

129쪽

131쪽

133쪽

한글의 모음과 자음

초판 인쇄 | 2022년 6월 20일
초판 발행 | 2022년 6월 30일

지은이 | 유소영
펴낸이 | 정은영
책임편집 | 박지혜
디자인 | 최은숙
마케팅 | 박선정
일러스트 | 신하나

펴낸곳 | 마리북스
출판등록 | 제2019-000292호
주소 | (04037) 서울시 마포구 양화로 59 화승리버스텔 503호
전화 | 02)336-0729, 0730
팩스 | 070)7610-2870
홈페이지 | www.maribooks.com
Email | mari@maribooks.com
인쇄 | 지엠프린테크(주)

ISBN 979-11-89943-81-3 (13710)

* 이 책은 마리북스가 저작권자와의 계약에 따라 발행한 것이므로
  본사의 허락 없이는 어떠한 형태나 수단으로도 이용하지 못합니다.
* 잘못된 책은 바꿔드립니다.
* 가격은 뒤표지에 있습니다.